COSECHA EN LA ARENA

COSECHA EN LA ARENA

HEREDIA PARDO NIMA

Copyright © Heredia Pardo 2022
Todos los derechos reservados.
ISBN: 9798862136999

Queda prohibida la reprografía
parcial o total

DEDICATORIA.

Es un deseo de lo profundo de mi corazón, dedicar este libro a mi fiel y amorosa esposa Esperanza, quien ha tenido la sabiduría divina, y su buen consejo para acompañarme a través de los años en los desafíos de fe que hemos enfrentado para la gloria de Dios.

Para mí, este libro, conlleva un reconocimiento a mis amigos incondicionales, que siempre están cerca para ayudarme en cada paso cuando requerimos juntarnos para hacer juntos actividades en los negocios del Reino de DIOS, Pastor Moisés Surco y Adrián Espinoza.

Un hombre a quien admiro por su trayectoria ministerial desarrollando un liderazgo ejemplar, quien me sabe ayudar con su inteligencia divina para ser puente de enlace con personalidades y oradores para que participen en nuestra plataforma como expositores en cada año de conferencias, es un honor tener como mi hermano mayor al Pastor Otoniel Pardo, fiel colaborador y artífice de nuestras conferencias, su maestría siempre será reconocida como gran bendición para el pueblo de Dios.

Mi homenaje a cada ministro colaborando con su trabajo en las diferentes designaciones para llevar con éxito cada evento que fueron convocados al trabajo de la viña del Señor.

Aquellos que viajan para asistir a cada asamblea y participar de las conferencias y talleres de edificación, cada expositor que en cada oportunidad se presentara a compartir su don y experiencias, de esa manera, fortalecer el cuerpo de Cristo su iglesia en el cono sur.

Una bella ciudad Villa el Salvador, donde conocí amigos compañeros de milicia y bellas personalidades. Es un honor transitar en la vida con maravillosas personas, para cada una de ellas son estas líneas de reconocimiento, juntamente sin pasar por alto las mujeres siempre atentas en su llamado de servir, a Nuestro Buen Dios…a todos y a toda la dedicación de este libro: COSECHA EN LA ARENA.

SOBRE EL AUTOR

Heredia Pardo Nima Nació en Perú, desarrolló estudios de administración de empresas, psicología y negocios internacionales, es un emprendedor de negocios, es invitado a dar conferencias de desarrollo humano y negocios, es autor y escritor de libros, tres veces Best Seller en amazon.com. Él y su esposa Esperanza radican en buenos aires Argentina.

MEMORIAS DE UN PREDICADOR
VALOR DE UNA PROMESA

Este precioso libro es un testimonio para resaltar la fidelidad de Dios, por eso te prometo que encontrarás en el contenido de estos escritos, para ver no cosas místicas, o pensamientos extralimitados del sentido común.

Te prometo que encontrarás amigos y compañeros comprometidos con un trabajo de ayudar a otros en el ministerio de la Palabra, convocando en conferencias, talleres, encuentros, campañas evangelistas, COSECHA, fue el nombre que mi buen amigo, pastor Moisés Surco y yo, decidimos ponerle a este sueño que comenzamos a plasmar en el distrito de Villa el Salvador, ubicada en el sur de lima, limitando con los distritos, de Lurín, Villa María, Chorrillos, y el Océano Pacifico.

El libro va encausado a lectores que buscan
inspiración divina, personas que en la oración

encuentran el mejor recurso para la vida cristiana,
y la dependencia de la Gracia divina de nuestro
Creador.

Muchas felicidades por acompañarme a leer mis
memorias, te agradezco por valorar este libro, hombres
y mujeres del reino de Dios

uan 15:8

PRÓLOGO

El doctor Heredia Pardo, a través de estas memorias, quiere transmitir el valor de una promesa, la promesa de Dios de estar presente en cada paso de su camino.

En "Cosecha en la Arena: Memorias de un Predicador", te invito a adentrarte con la experiencia personal de Heredia Pardo como predicador y compartir contigo los momentos de alegría, desafíos y crecimiento espiritual que ha vivido a lo largo de su ministerio. Este libro es un testimonio vivo de la fidelidad de Dios en medio de las pruebas y tribulaciones. Aquí no encontrarás conceptos abstractos o pensamientos vacíos; más bien, descubrirás la realidad cotidiana de la labor en el ministerio de la Palabra. Con el apoyo de su querido amigo, el Pastor Moisés Surco, se embarcaron en un sueño llamado "Cosecha". Este sueño se materializó en un trabajo comprometido de ayudar a otros a través de conferencias, talleres, encuentros y campañas evangelistas. La semilla de la Palabra se sembró en el distrito de Villa el Salvador, un lugar ubicado en el sur de Lima, rodeado por los distritos de Lurín, Villa María, Chorrillos y el majestuoso Océano Pacífico.

Este libro está dirigido a aquellos lectores que buscan inspiración divina, que encuentran en la oración el mejor recurso para su vida cristiana y que reconocen su dependencia de la gracia de nuestro Creador. A través de sus memorias. Deseo del autor es transmitirte el valor y la importancia de confiar en las promesas de Dios en nuestro diario caminar. En cada capítulo, descubrirás las lecciones aprendidas en el campo de batalla espiritual, donde las almas son rescatadas y transformadas por el poder de la Palabra. Te invito a adentrarte en estas páginas con un corazón abierto y dispuesto a recibir el mensaje divino que se desprende de cada experiencia compartida.

"COSECHA: Memorias de un Predicador" es un llamado a perseverar, a confiar en la fidelidad de Dios y a recordar que cada promesa cumplida es una prueba de su amor incondicional. Aquí encontrarás la historia de hombres y mujeres de fe, amigos y compañeros de ministerio, cuyas vidas han sido tocadas por la gracia divina y que, a su vez, han sido instrumentos para llevar esa gracia a otros. Te invito a unirte a este viaje de fe y a descubrir la belleza de la cosecha en la arena, donde las semillas de la Palabra germinan y crecen, transformando vidas y dejando una huella eterna. Que estas páginas te inspiren a perseverar en tu propio ministerio y a confiar en la fidelidad de Aquel que promete estar siempre a nuestro lado ¡Bienvenidos a "Cosecha en la Arena: Memorias de un Predicador"

Javier Otoniel Pardo Nima…consejero espiritual

OTONIEL PARDO NIMA

CONTENIDO

DE UN GRAN ARENAL A UNA GRAN CIUDAD.

La historia de un desierto, todo un arenal fue transformada en una bella ciudad en el cono sur de Lima, capital de Perú, tiene sus raíces por los años setenta, donde una población del interior peruano viene a la capital en busca de mejores oportunidades para ellos y sus hijos, en esa búsqueda de su buen desarrollo también busca una vivienda propia, estos grupos humanos comienzan a organizarse para luego invadir terrenos con la finalidad de luchar por una vivienda propia.

En el gobierno del Sr. Juan Velasco Alvarado, se produjo una invasión en el margen Pamplona Alta a un terreno privado agrícola listo para urbanizar, en este lugar invadido, se da la orden de desalojar a los invasores, los cuales resisten, y en este enfrentamiento fallece el poblador Edilberto

Ramos.   Paralelamente el gobierno tiene la visita de funcionarios internacionales del Banco Interamericano de Desarrollo, por ello toma la decisión de dar buen trato a esta población, por lo cual transportan con camiones del ejército a toda esa población de invasores a un arenal desértico, Pampas de la hollada de la tabalada de Lurín, y Loma de Corvina que colinda con el panamericano sur, el 11 de mayo de 1971 se da este hecho.

Esta comunidad de pobladores llegó con esteres y palos para iniciar un gran desarrollo, que sin esperarlo, marcaría historia en ellos mismos y en toda su Patria, y aún más allá de ella una. Un pensamiento tomó posesión de sus vidas porque al no tener nada lo haríamos todo.

El gobierno militar del presidente Sr. Juan Velasco Alvarado, mandó al Arquitecto a diseñar un plan para la distribución de los lotes, diseñó un plano de grupos residenciales…24 lotes una manzana, 16 manzanas, un grupo residencial, veinte y veinticinco grupos residenciales, un sector, cada grupo con su área verde, y área deportiva, también se tomó en cuenta una zona para su parque industrial y su zona agropecuaria

El monseñor Luis Bambarén, celebra misas en homenaje a la población por arduo trabajo solidario, entre ellos fue detenido por eso, dejándolo luego en libertad, y coordinando con el gobierno y la iglesia católica ponen el nombre Villa el Salvador, un pueblo dedicado a JESUCRISTO.

Esta población toma un rumbo popular organizativo para su propio desarrollo y su destino al futuro y se crea en 1973 la CUAVES, Comunidad Urbana Autogestionaria de Villa el Salvador, esto fue que, por primera vez en América Latina, se creara una comunidad abierta organizada con sus valores de solidaridad para su propio desarrollo, creando en la Cuaves, la secretaría de planificación, producción, comercialización, y servicios, un pueblo con movilización popular.

En 1983 Villa el Salvador es creado como Distrito y se separó de Villa María del Triunfo donde pertenecía, su primera autoridad distrital llega a ser el Sr, Michael Ascueta y su primer párroco, Joseph Walijewski quien fundó la parroquia Cristo el Salvador.

VILLA EL SALVADOR

H P
HEREDIA PARDO
ESCRITOR BEST SELLER

CONOCIENDO ALIADOS

Me encuentro en el 1996 viviendo en san juan de Miraflores, al sur de la capital de Lima Perú, alquilando un departamento, y trabajando de taxista en un Toyota Corona Station alquilado, en el transcurrir de estos días conocí al pastor Alberto Rizzo, de nacionalidad Argentina, él me pidió que colaborara con una iglesia de esa localidad, tengo una filosofía de vida, para mí la vida es una aventura, de diferentes sucesos que vienen ocurriendo en mi vida siempre para mi es un aprendizaje y sé que debo disfrutar esos momentos.

Así que me encuentro en esta etapa de vida colaborando en este grupo de creyentes enseñando la biblia, reuniéndonos entre semana, por las mañanas salgo a trabajar en el taxi, y los días de reuniones en horario de noche, me reúno con los hermanos, gracias a Dios fuimos creciendo en armonía y regocijos, cuando no habría reunión en la congregación aprovechaba para trabajar en el taxi más horas, la vida estaba muy llevadera en transitar, los días de trabajo, tenía oportunidad de visitar a mi señor padre y hermanos en la urbanización de playa Rímac.

En playa Rímac pasé mi infancia, mi adolescencia y parte de mi juventud, en bello barrio, lleno de su cultura, celebraciones y deporte, ahí estudié toda mi educación primaria, fui un alumno promedio, tímido con mis sueños de aventuras.

MI BELLO BARRIO PLAYA RIMAC

Viviendo en San Juan, tengo que trasladarme a Villa el Salvador, estando en Villa el Salvador, voy a un desayuno de FIPAC…Fraternidad Internacional de Pastores Cristianos.

En Villa el Salvador alquilo un cuarto en grupo 19 del segundo sector, los hermanos de la hermana Doris Montero José y Manuel ambos me dan su movilidad en alquiler para trabajar como taxista en el horario, y día que ellos señalaran, sigo yendo a San Juan donde seguía la congregación hasta que por falta de recursos económicos se dejó de alquilar el local, en donde nos congregábamos. Desconocía el plan que Dios estaba diseñando con sus amorosas manos para la vida mía, por medio de estos cambios que me estaban ocurriendo. Vengo de un contexto cristiano, donde recibí al señor Jesucristo como mi Salvador Personal, arrepentido de mi pecado y rebeliones, experimenté un nuevo nacimiento, empezando a predicar y dar testimonio de mi fe, al aire libre, prédicas en los mercados, calles, plazas públicas, micros de transporte urbano, etc. Yo estaba tierno en los caminos de la fe, mi hermano Javier me invitaba a su iglesia Asambleas de Dios del Perú, de Playa Rímac, en donde también asistía mi madre, en ese momento la iglesia contaba con jóvenes llenos de pasión por el Reino de Dios, Juan Hernández que lo llamaban Juancito, Flavio Zapata, Elsa Huertas, las hermanas Díaz, Hilda y Mery, salían a Evangelizar, visitaban iglesias haciendo campañas de edificación, fueron invitados a Villa María y luego a una iglesia Arca de Salvación en Villa el Salvador, es ahí donde mi hermano Javier me invita para acompañarlos, la consigna que me fue dada por él era solo ven y observa, fuimos hospedados en la casa del pastor Calla, obediente a la consigna me sometí a observar, para mi sorpresa vi a mi hermano desconocido tras del púlpito, ¡Qué pasión, qué fuego de predicador tenía mi hermano esa noche!

estaba atónito, sorprendido, era lleno del Espíritu Santo y sus palabras tenían fuego, quedé misteriosamente sorprendido por la entrega de mi hermano en su predicación, me inquieté de ello y quise aprender cómo lograr eso, indagué que este grupo de jóvenes se dedicaba a ayunar y a orar largas horas, hasta llenar sus vasijas del Espíritu Santo. Ahora esos jóvenes todos ellos son Pastores, instrumentos en las manos de nuestro Buen Dios, Amén.

En mi caminar el buen alfarero, en este proceso de mi entrenamiento su mano invisible guía mis pasos para contactarme con un hombre que revolucionaría mi vida de fe, el Sr. Federico Simbala, un hombre de fe que me invitó a que lo acompañara a varios de sus viajes durante varios años que Dios nos permitió caminar juntos, yo vi a este hombre salir de compras sin dinero y traer su bolsas llenos de víveres, vi a este hombre llevarme a un hotel sin dinero, orar por las mañanas y pedir a Dios que cancele tal deuda cuándo, el administrador venía a cobrar, y ocurrió así, el recibió una ofrenda y se cubrió tal deuda, vi a este hombre trabajar como gerente de ventas en la región de la selva, en la empresa de conservas la campera, y cómo las ventas de los productos se cobraba en efectivo, las ofrendas, se daba a los pastores de las iglesias en las alturas de la sierra y selva que tenían pocos recursos económicos, de mi país Perú comprando lámparas, víveres, etc, y quedar endeudado con esta empresa y decirme: "Heredia vamos a viajar, todo lo que ingrese en ofrendas lo vamos a depositar a la cuenta de la empresa la campera y pagar la deuda" y así fue.

Vi a este hombre como Dios honraba su fe, su ímpetu, su coraje de creer y creerle a Dios invisible. Aprendí mucho y mi gratitud a Dios por conocer hombres como él en mi camino, haciendo campañas evangelistas en carpa de circo, gloria a Dios, viajar por ciudades, aldeas, campos blancos, no teniendo nada, pero en fe, poseyéndolo todo.

La mano de gracia de nuestro gran alfarero Mi Padre Celestial, encaminándome su mano invisible, él pone su propósito en nuestros corazones, y crea las situaciones y cada circunstancia para construirlo, en lo cual quiere usar nuestras vidas, sólo Él, por Él para Él, a Él sea la Gloria Honra y Honor.

Ahora en un cuarto alquilado en la avenida Velasco cerca de la ruta B grupo 19 del segundo Sector, el dueño del inmueble el hermano Alfredo Álvarez, buen hombre, el hermano Lucas se convertiría en un paladín, y compañero en esta etapa de aventura divina, en el tercer sector del grupo 21 cerca a la av. Mariátegui, hay un local en abandono, una ex discoteca el "bunker dos", propiedad de los hermanos Pérez, José, Francisco, y Andrés, quienes de buena voluntad me concedieron el uso del local, así que el hermano Lucas, con el hermano

Edison. Me ayudaron con la mudanza.

. Llevaron todas mis cosas al nuevo lugar, de operaciones donde Dios es el guía. Adolfo Mogollón se encargó de reinstalar la luz del local, Adolfo, que es un genio electricista, el hermano Luigui, experto gasfitero reparó todo lo concerniente,. Cada uno tenía esplendor en sus habilidades, todos los demás jóvenes junto con el hermano Lucas en una jornada de trabajo, pusimos manos a la obra y limpiamos todo el local. gracias a Dios ese local contaba con butacas y asientos que podíamos usar para nuestras reuniones que íbamos a   realizar, ¡Las reuniones de la iglesia JESUCRISTO ES EL SEÑOR!

Seguí trabajando como taxista con los autos de José y Manuel siendo hermanos muy gentiles por compartir conmigo.

En mis primeras reuniones me vinieron con la

ayuda de Dios, estuvo el ministro de la Palabra, Rodolfo Rivera y lo acompañó el hermano en la fe Jorque Limo, ayudándome muy oportunamente con las alabanzas y la Palabra del Señor.

Su ayuda y apoyo comenzaron a dar buenos frutos, las visitas de ambos eran de gran bendición para todos nosotros.

Conocí al Pastor Adrián Espinoza, en un desayuno de Fipac, en el restaurante de grupo kerigma en Miraflores, donde lo invité para que me ayudara a pastorear la ciudad de Villa el Salvador, ahí me enteré que el también vivía en la ciudad de Villa el Salvador.

Me dijo que salió de la iglesia bautista una denominación evangélica, por recibir el bautismo del Espíritu Santo, igual que otro pastor, que de inmediato quería que conociera, y me vinculara con el pastor Moisés Surco, quien también él y su esposa y algunos hermanos de su congregación recibieron el Bautismo del Espíritu Santo, fueron excluidos, de seguir perteneciendo a la denominación bautista,

La mano invisible del Señor está construyendo nuestro destino de una manera extraordinaria, ya ellos se convertirían en paladines de un movimiento divino, en tal arenal convertido en una bella ciudad, recuerdo que nos reunimos para desayunar y conversar de nosotros y nuestros caminos en la obra de Dios.

Desayunamos y oramos. El pastor Moisés, me contaba su experiencia con el Espíritu Santo, lo que le sucedió a su esposa Rosa, cuando comenzaron a hablar en lenguas espirituales, yo escuchaba atentamente y me gozaba del amor de Dios cómo no tiene límites ni barreras, denominacionales, cuando Dios, se propone y quiere, hacer lo que él se ha propuesto hacer,

¿Quién podrá impedírselo, la voluntad de Dios

Empezamos una bendecida amistad. El Señor nos uniría para la proclamación de su Palabra.

Paralelamente al norte de Lima, Dios comenzó a levantar un hombre como evangelista, el Pastor Marcelino Salazar, quien realiza campañas multitudinarias. Dios le ayudaba con señales y milagros.

En 1997 inicia un congreso internacional de Visión y Desafío Trujillo 97, en la ciudad de Trujillo, convocando de invitados a expositores. Carlos Belart, Dina Santa María, Misael Argeñal, Mynor Vargas, entre otros. El Pastor Marcelino, también invito, al grupo de alabanza Exaltación de Ecuador,

El pastor, Marcelino, me invito para ayudar con la publicidad en la zona sur de Lima, Villa el Salvador, es el área donde estoy trabajando en la obra del Señor, en medio de todos esos preparativos tuvimos varias reuniones de coordinaciones sobre tal acontecimiento.

Marcelino Salazar un varón de Dios que conocí cuando yo estaba recién convertido llegó a casa a visitar a mi hermano Javier, que en ese momento estaba delicado de salud, recuerdo que me llevó a su casa desde playa Rímac. Fuimos caminando, llegamos y me invitó la cena y nos vinculamos felices en ese tiempo. Él se reunía en casa de su novia, (era en ese tiempo) hoy su esposa. Él enseñaba la palabra, siempre se refería a los avivamientos de los hermanos Wesley, Charles Finix, William Marion Brahmán entre otros. Siempre realizaba ayunos y oraciones, y también estudios de las escrituras.

Dios tiene sus planes con sus hijos y nos va llevando por diferentes etapas o procesos para la realización de sus propósitos, y mi amigo siervo de

Dios pastor Marcelino Salazar, es uno de eso hombres designados del Señor para provocar avivamiento en las regiones del PERÚ.

Tuve la gran oportunidad de Dios cuando pude iniciar un viaje con mi amigo el Pastor Moisés Surco a Trujillo también nos acompañó mi amigo Adrián Espinoza, así que fuimos al congreso internacional Visión y desafío 1997. Un evento de mucha bendición para todos los asistentes, al igual que para mi amigo y para mí.

El Pastor Moisés Surco escuchó al invitado expositor de Honduras, el Pastor Misael Argeñal, después de ello regresamos, y nos reunimos ambos en el cuarto del hotel, donde estábamos impactados por el testimonio y el mensaje y mutuamente creímos que Dios nos llamó a ampliar el ministerio fuera de las cuatro paredes, planeamos iniciar conferencias internacionales, campañas y avances en la ciudad, tenía los aliados y compañeros para iniciar el ministerio llamado COSECHA.

COMPAÑEROS DE LA COSECHA

EL INICIO DE LA AVENTURA
COSECHA

En este etapa de mi vida, Dios me habló diciendo: "No edifiques una iglesia en la ciudad, mira la ciudad como una iglesia" Dios al dar su palabra se hace responsable en cumplirla, tenía que expresar mi confianza en Dios, fui con el Pastor amigo Adrián Espinoza, y lo llevé al cerro Corvina al cementerio, allá arriba en esa colina desde ahí se ve toda la ciudad de Villa el Salvador, es una vista panorámica de la ciudad, la visión era para ministrar, ayudando a los pastores, líderes cristianos y comerciantes de la ciudad, y como primera iniciativa acordamos entrevistarnos con la primera autoridad política de ese momento, el Sr. Alcalde Martin Pomar.

Pidiendo en oración la guía del Señor para que él muestre su gracia en nuestros caminos, llegado el momento de nuestro ingreso al despacho del Alcalde, junto con mi amigo el pastor Adrián Espinoza, entramos a la oficina del sr. Alcalde acompañados de su secretaria, quien nos anuncia, él con un apretón de manos nos recibe gentilmente, tomamos asiento al frente de él, al otro lado de su escritorio, con mucha solicitud, él pregunta en que les puede ayudar, así nos presentamos.

:."Pastor.. Heredia…Señor alcalde", mucho gusto, agradezco por recibirnos y le diré que Dios me ha enviado para bendecir su ciudad. Villa el

Salvador.   Señor alcalde, ¿Usted ha leído la biblia?

El Señor alcalde me respondió que sí, entonces le dije: "le contaré que en la Biblia se habla de dos gobernantes de una ciudad llamada Egipto, uno de ellos endureció su corazón en el tiempo de Moisés, y su pueblo pereció bajo el agua, ya que no quería liberar al pueblo de Israel de su esclavitud.

En otro tiempo otro faraón de Egipto, Dios le envió un hombre llamado José, el faraón siguió su consejo a para su pueblo no perezca de hambre…al segundo faraón en tiempo de crisis de hambruna, su pueblo Egipto prevaleció,

"Señor alcalde, ¿Cuál de los dos faraones será usted para mí?" El Señor alcalde me propuso, que el segundo faraón, continuo diciendo.- Así que lo que usted requiera, tiene mi oficina a su disposición, cuando usted, va a realizar algún evento avíseme.

El Alcalde, Martin Pomar, en todo su período cumplió su palabra de ayudarnos incondicionalmente.

Rumbo a iniciar nuestra primera conferencia internacional Cosecha, con el apoyo del pastor Otoniel Pardo, quien nos ayudaba en todas las coordinaciones con los expositores ya que él tenía relaciones más cercanas con ellos, el Pastor Moisés Surco con todo su equipo de logística, se involucró con tal compromiso, los días miércoles, jueves ,viernes, sábado, y domingo, teníamos el local de la Frepomudes, para las conferencias, y por las noches campañas evangelistas, con el apoyo de campeones para Cristo, todo ese inicio fue extraordinario. Realizamos las conferencias en las mañanas y tardes y las noches en la explanada de la municipalidad de Villa el Salvador, el ministerio de comunicaciones de la Alianza Cristiana y

Misionera, vinieron a filmar todo este evento.

Por la Gracia de Dios, iniciamos un movimiento en la ciudad, recorrimos la ciudad, invitando a los líderes de las iglesias, con cartas de invitación y dejamos los afiches de publicidad haciendo conferencias cada año favoreciendo y equipando líderes espirituales y empresarios de la zona sur de

Lima.

Nos reuníamos, el Pastor Moisés Surco y su esposa Rosa, el Pastor Adrián Espinoza, para. Planificar, en el de mes de enero, de cada año, las conferencias que realizamos la segunda semana del mes de abril de cada año, esto fue una aventura de fe. Cada acontecimiento,   lo divino de Nuestro Señor Jesucristo ayudándonos.

Ver colegas pastores y líderes siendo equipados para la obra del ministerio era nuestro mayor gozo, recorriendo las calles, visitar cada iglesia, pegar los afiches, difundir la publicidad, eran las semillas, para cada reunión de cosecha.

MÁS ALLÁ DE LO TRADICIONAL.

Siempre de tradición las campañas evangélicas eran alabanzas y el predicador. El Pastor Moisés Surco y yo tuvimos un sueño: hacer algo más grande, fuimos a visitar al Pastor, que era en ese momento representante de la empresa kola Real, quien, al entrevistarnos para gestionar su apoyo, fortalecidos por su acogida planeamos hacer un concierto-conferencia para los empresarios del parque industrial, y conferencia para pastores y líderes de la región.

Era impresionante, todo estaba sincronizado por la divinidad de Nuestro Señor Jesucristo, teníamos que caminar en fe, ya que los permisos públicos para realizar la campaña y concierto en la avenida Mariátegui con la ruta o avenida Álamos.

A este acontecimiento en la conferencia para los empresarios del Parque industrial, los empresarios donaron parte de sus productos para la campaña.

Fue increíble lo que vimos suceder, durante la campaña hicimos cupones para sortear y repartir de esta manera las donaciones hechas por los empresarios del parque industrial.

Fue maratónica cada reunión, cada concierto y cada diez minutos un expositor de la palabra y las rifas, Gloria a Dios.

Las personas asistentes estaban llenas de gozo y alegría, llevando productos a sus casas.

Estábamos en días impresionantes bajo la gracia divina, Él llevando a cabo su obra, y sólo nosotros colaborando bajo su guía soberana.

Mi vida era bella sirviendo al Señor, Gloria a Dios viajando al interior de mi país Perú, otras veces viajaba al extranjero, estaba soltero, llegaría el momento de mi cosecha personal donde Dios y su gracia me llevaría al mejor momento de la vida para mí y para toda la vida.

Sería la mejor aventura divina para conocer más la fidelidad y su amor a Dios para mi vida, eso   sería mi matrimonio.

Hasta este momento solo quería viajar, predicar y trabajar independiente, ¡cuánta oportunidad se apareciera si viajara! Dios intervino y cambiaría toda mi historia y mis planes.

UN MATRIMONIO DE COSECHA

La vida en Dios es algo ilimitado, y que nuestra mente nunca podrá entender. El gran amor que él nos tiene a los seres humanos para encaminar nuestros pasos en cada necesidad y detalles difíciles de nuestras vidas.

Conocí, a la familia Carhuas cuando mi hermano Javier me llevó a una invitación que tuvieron el grupo de evangelismo que él presidia con los jóvenes dedicados a ese grupo, ahí contactamos con Bernardita Carhuas, hermana menor de Esperanza.

Esperanza, de profesión enfermera, sólo sabía de mí por medio de lo que su mamá le comentaba, rápidamente congeniamos y también con su mamá en una bella amistad.

Éramos muy empáticos, con la hermana

Adela mamá de esperanza, ella, la hermana Adela, cada vez que llegaba a visitarla pasábamos buen tiempo charlando de la Biblia, y mis viajes que hacía al interior de país, Perú, predicando el Evangelio.

La hermana Adela le comenzó a decir a Esperanza: "El único hombre que te va a hacer feliz, y te va amar, es el hermano Heredia" Esperanza y yo nos saludábamos ocasionalmente, cuando nos cruzábamos entre mis visitas que iba a enseñarle la Biblia, y ella llegaba de su trabajo, el hospital.

Esperanza trabajaba en el hospital María Auxiliadora en el distrito de Villa María del Triunfo, algunas veces que iba al hospital nos cruzábamos en los pasillos. Luego por alguna circunstancia divina me encuentro enseñando a niños en el parque del grupo 19 del tercer sector de V.E.S., en ese momento todo era arena y unos cuántos banquitos, ahí todos los domingos por las mañanas. Un día por la mañana pasé por la casa de Esperanza, rumbo a enseñar a los niños. Era la ruta para ir a la escuelita dominical, me encontré con ella y me preguntó a dónde iba y le respondí que a enseñar a los niños del grupo 19 en el parque del grupo, a ella le pareció muy lindo y de bendición lo que estaba haciendo, y le pedí si podría ayudarme los domingos por la mañana lo cual de inmediato accedió y me acompañó el domingo siguiente.

Trabajamos en diferentes temporadas ambientales, durante lloviznas, fríos, y otros días en abundante calor, la asistencia de los niños comenzó a aumentar, y nos llevó a conseguir un ambiente con mayor seguridad, solicitamos una biblioteca que en el grupo no la usaban para los domingos, gentilmente solicitamos el lugar y nos lo concedieron.

Así seguimos, educando a los niños en las sagradas escrituras por un período de 3 años, luego comencé a viajar por el oriente de mi país Perú, la región de la selva, ciudades Tingo María y Pucallpa.

En ese momento mis anhelos eran viajar a Brasil, luego a Europa, luego al llamar a Lima, me enteré que mi papa sufrió una embolia cerebral, consecuencia de ello tuvo una parálisis de medio cuerpo. Decidí volver a Lima, y establecerme en la capital.

Mi hermano mayor, Javier, vivía en la ciudadela San Felipe, perteneciente al Distrito de Carabayllo al norte de Lima capital, mi hermano me invitó a vivir con él para ayudar en la obra de Dios en la Iglesia donde él era Co-Pastor.

Esperanza y yo no nos vimos durante cuatro años, al volver a visitar a su mamá, me encontré con ella, y la invité a San Felipe, cerca de ahí había un barrio joven, ahí iniciaríamos una escuela para niños.

Lo cierto es que Esperanza llegó, con el interés de confirmar lo que su mamá le decía continuamente que yo era el hombre que la amaría por toda su vida, ya que ella se iría de viaje a la república de Argentina, pero de este tema nunca hablamos, sólo su pregunta fue: "Tú viajarías a Buenos Aires Argentina? yo le respondí que sí.

Después de esa despedida pasaron tres años mientras que yo estaba viviendo en el Distrito San Juan de Miraflores, pastoreando una iglesia, y nuevamente Esperanza, llegó a ubicarme y vino a visitarme, ya que venía de vacaciones de Argentina, en ese momento yo estaba muy ocupado con mi trabajo, en la Iglesia, solamente nos saludamos, y nos dijimos adiós.

Esperanza, terminó sus vacaciones de quince días y se regresó a su trabajo en Argentina.

Yo seguí dedicado a mi trabajo como taxista y pastoreando, luego me mudé a vivir a Villa Salvador.

En Villa el Salvador retomé organizar las conferencias de Cosecha, emprendí con hermanos limpiar una discoteca, "La bunker dos", que de buena voluntad la familia Pérez me concedió usarla para predicar la Palabra de Dios.

Gracias a la bondad del Señor su Obra comenzó a florecer, los jóvenes llegaron a ser protagonistas de esta nueva versión de la vida mía. Haciendo obras de teatro en las vías públicas y colegios, la bondad de Dios toca los corazones, realizamos, conciertos, retiros y conferencias. Trabajamos con mucho dinamismo en la comunidad en campañas evangelistas. Algunas veces viajaba a provincias del interior de mi país por corto tiempo.

Durante todo este tiempo Esperanza seguía viviendo en argentina y no hubo nada de comunicación, pasaron diez años desde la última despedida.

Esperanza se encontraba trabajando en un hospital y sanatorios privados, en la ciudad de Buenos Aires Argentina, y se congregaba en la Iglesia Rey de Reyes donde pastorea el Pastor Claudio Freizon, ahí su labor era el trabajo de evangelismo y trabajar con los niños.

UN NUEVO DESAFIO

Esperanza ya radicada en Buenos Aires Argentina, tuvo una reunión de solteras con la esposa del Pastor Claudio Freizon, en esta reunión todas las solteras responderían a una pregunta, era que si cuando se casarían o si tenían algún plan al respecto. Esperanza respondió lo siguiente: sólo tengo una sugerencia de mi madre, que es de un hermano en Perú, ella me dijo que él iba a ser el único hombre que me amaría y sería feliz, esta declaración llamó la atención a la Pastora, y le respondió: ¿Qué sabes de él? no sé nada de él, hace años que no sé nada replicó esperanza, bueno, dijo la Pastora: ¡llámalo, averigua de él! averigua si está casado.

Resuelta Esperanza a aceptar la recomendación de la Pastora Betty Freizon, comenzó a averiguar y buscó la forma de ubicar a Heredia en Lima Perú, estuvo como tres meses tratando de ubicarlo hasta que llegó ese día propicio que llegó a encontrarlo vía telefónica. En un mes de amenas charlas telefónicas, un día, sabiendo ya Esperanza que Heredia seguía soletero, lo llamó y le propuso matrimonio, su sorpresa fue que Heredia le respondió de inmediato: "¡sí nos casamos!" y desde ahí hicieron planes para su boda, en Buenos Aires Argentina.

Después, de la propuesta de matrimonio de Esperanza, me propuse a enfocarme en viajar a Argentina, para así podernos casar en la iglesia donde ella asistía, esta fue una odisea para viajar a Buenos Aires Argentina, tuve que ir la primera vez por Bolivia, este viaje lo realizaba por tierra, llegué a la paz Bolivia, luego a Cochabamba, ya no pude continuar porque se levantaron protestas de campesinos y bloqueaban las carreteras. Opté por seguridad regresar a Lima, e irme por Chile, igualmente viajé por tierra, y en la frontera para ingresar a Chile, me pidieron bolsa de viaje, (la cual no contaba con ella), después tomé la decisión de viajar por avión rumbo a Argentina. habíamos planeado casarnos en el mes de septiembre por razones de estos retrasos de mi llegada a buenos aires, lo postergamos a octubre, (el cuatro por el civil y el seis por la iglesia), Dios es tan bondadoso, que en una reunión de oración, Esperanza anunció nuestro matrimonio, ahí mismo sus amistades comenzaron a hacer sus propuestas de regalos para nosotros, nos regalarían el vestido de la novia, la torta (pastel), la cena, los aros (anillos), el Pastor nos regaló los arreglos florares de la iglesia, Nuestro buen Dios suplió todo para nuestra boda, el que halla esposa halla el bien y alcanza la benevolencia de Dios. (Proverbios 18:22) ¡Qué gloriosa promesa del Señor!

RETORNO AL CAMPO

Ya casados Esperanza y yo, ella ya tenía planes de que debíamos vivir en Argentina, trabajar y dedicarme a asistir a la iglesia, ya no tenía dinero, y rogaba a Dios por las mañanas me trajera a Perú. Eran días de lluvia y tormentas, y las frías lluvias en temporada de invierno, en esos días, Esperanza se encontró con su amiga, de nombre Maribel, y le preguntó: ¿Cómo te va en tu etapa de casada? Esperanza le dice que "todo bien, pero Heredia, mi esposo, todas las mañanas ora pidiendo a Dios que lo lleve a Perú".

Maribel, le refirió: "tienes que estar donde el Señor envíe a tu esposo" sí, pero no tenemos para los pasajes le dijo Esperanza, "no te preocupes, yo pagaré todos sus gastos de su viaje" Gloria a Dios, retornamos a Lima. No tenía casa, solo alquilaba, teníamos una cocina vieja, mi auto escarabajo Volkswagen, y era empezar de cero, cero. El invierno de Buenos Aires me debilitó y me enfermé. Empezamos a tener situaciones de adaptación y conflictos que sólo con Dios supimos superar.

Gracias a Dios fuimos a vivir a Pachacamac, en la vivienda que nos facilitó mi cuñado Elías. Comencé a trabajar en el auto de un amigo como taxista, después volvimos a comunicarnos con el pastor Moisés Surco, nuevamente para programar las conferencias de Cosecha, Gloria a Dios. Mi esposa Esperanza y yo retornamos juntos. Caminamos en esta visión de ayudar a los líderes de la comunidad con estas capacitaciones. Caminábamos por las calles arenosas de Villa el Salvador entregando cartas de invitación para las reuniones, ella llegaba con los pies adoloridos porque caminamos por horas yendo iglesia por iglesia. El gozo era ver la asistencia y que la Palabra de Dios se predicaba, ella misma haría la obra en los corazones de los asistentes. Los Pastores,

Samuel Alboreda, Robert Barriger, Patricio Muñoz, Johnny Ortiz, Joel Bello, Guillermo Aguayo, Hernán Paredes, entre otros más. Todos ellos eran hombres de Dios que siempre estaban disponibles para ayudarnos en la edificación del cuerpo de Cristo en la zona sur de Lima.

Mi amigo, el Pastor Moisés Surco a quien admiro por su disponibilidad inmediata, cada vez que era requerido para llevar cada evento lo daba todo, no escatimaba en esfuerzo para llevar a cabo la labor en el Reino de Dios, juntamente con su esposa Rosa. Seguiremos trabajando en todo tiempo como la mejor motivación, con la mejor actitud, y siempre la Gloria y Honra a Nuestro Buen Dios ya estamos en tiempo de COSECHA.

LAS PRUEBAS EN LA VIÑA DEL SEÑOR

SEÑOR

Al llegar a vivir en Villa Salvador, estaba alquilando una casa, mi cuñado Elías, nos facilitó su casa que estaba desocupada en zona de pachacamac, perteneciente tal lugar al Distrito de Villa el salvador, la vivienda está desocupada, tuvimos que acondicionarla para vivir adecuadamente gracias a Dios, todo salió bien, me dedicaba a trabajar en taxi, mi esposa comenzó a trabajar en un mercado 1ro de mayo en la av. Universitaria de pachacamac, nuevamente tuve una recaída de salud de tal manera que tuve que estar en reposo absoluto, Dios milagrosamente envió al hermano Adolfo Mogollón a visitarnos y observo mi condición decaído de salud, y asumió el compromiso de cubrir nuestra alimentación hasta mi recuperación gracias a Dios la bondad de

Señor manifestada.

Al estar recuperado volví a mi rutina de trabajo de taxista, mi horario era de 7 de la mañana a 7 dela noche.

En momento llego más alegre de mi vida Esperanza está embarazada nos alegramos tanto, cada amanecer el sol brillaba tanto y por las noches la luna era poesía, Gloria a Dios. En los exámenes nos enteramos que es varón que alegría le pusimos Israel príncipe de Dios, siempre vi a mis hermanos mayores jugar y caminar con sus hijos, ahora Israel era mi primogénito para caminar y jugar, al llegar a casa solo deseaba tocarlo y sentir su crecimiento, mis expectativas de ser papá eran de lo mejor, sé que esta sensaciones emocionales son únicas y muy personales, para cada uno de nosotros al tener hijos.

Venía a tocar la barriguita de mi esposa

esperanza, sabiendo que dentro esta nuestro bebe Israel, lo siguiente es el relato de lo inesperado.

Una mañana salgo trabajar, como cualquier día de rutina diaria, en el auto, haciendo mi recorrido de trabajo cotidiano, todo ese dia bien en todo y al llegar a casa entro, mi esposa no estaba en la sala como de costumbre, todo estaba en silencio, solo escuchaba un gemido de llanto y dolor. camino dentro del cuarto y veo a mi esposa desangrándose en hemorragia, un cuadro desolador pensé mi esposa se muere, nunca vi algo igual en mi vida.

Solo atine asustado traer el auto y llevar a mi esposa al hospital, ella solo llora a mares y no tenía consuelo, fue internada yo en la sala de espera me entero que mi bebe Israel, ya no vivía en el vientre de mi esposa, el corazón en mi pecho quebrantado, el frio y llanto lleno mi rostro mi pregunta salió desde dentro Dios porque, no entiendo.

Todo se me nublo el silencio de los pasillos y a la espera de mi esposa, ya que le hacían un degrado por la sangre perdida, solo el dolor y llanto no podemos ambos parar, ambos llegamos a casa, parece que cielo estuviera en oscuro cerrado, solo abrazo a mi esposa, buscando consuelo en esta prueba dura en nuestras vidas, quedándonos vacíos, los siguientes días eran del llanto al amanecer lagrimas sin para noches de lágrimas.

Dios fue bondadoso para sanar nuestro dolor y llenar nuestro corazón, de paz de su inmenso amor, comenzamos a seguir trabajando en la obra de Dios emprendiendo un negocio en el mercado de la urbanización Pachacamac en venta de pollo por kilo y menudencia, se inició mi esposa con un mes en una vereda y 5 pollos, y nuevamente la noticia de Rut, que estaba creciendo dentro del vientre de mi esposa, la alegría en nuestro rostros brillantes como el sol de mediodía comenzamos, con la disciplina de los requerimientos del cuidado médico correspondiente, todo fluyendo, de gran gozo en alegría durante el tiempo del crecimiento de Rut.

Todo sucedía tan normal, cuando una noche todo se alteró nuevamente impredeciblemente una noche nuevamente encontré a mi amada esposa, sangrando, de inmediato la subí a mi auto sin y la lleve de emergencia al hospital de pachacamac, la internaron de inmediato, en la entrada de emergencia, se encontraba un policía, haciendo su servicio de guardia, al ingresar mi esposa para ser atendida, él se dirigió a mí y me dijo Ud. a provocado el aborto, yo que estaba pensando en la salud de mi esposa, y saber que Rut, ya no estaba más, roge a Dios que tenga misericordia de este hombre que no tenía conocimiento de lo que decía.

Luego me avisaron que mi esposa seria llevada al hospital, María Auxiliadora en una ambulancia, para que le hagan un legrado médico.. Seguí la ambulancia en mi auto, meditando en todo lo que nos estaba aconteciendo, esperando en el pasillo te mencione, al Dios soberano solo dame la oportunidad de tener hijos espirituales, dar vida por tu poder en tu evangelio, aceptando la soberana voluntad del Señor Jescristo.

Así que en la gracia divina salimos de esa temporada, después de cada prueba con ella misma viene la salida.

.Mis padecimientos, en la gracia de dios soy sostenido   Dos veces secuestrado

Dos veces golpeado con roturas de cabeza

Una vez asaltado con intento se homicidio con pico de botella

Una vez asaltado con rotura de cabeza con cacha de pistola

Una vez asaltado en la puerta de casa dos tiros a mi cuerpo a quema ropa

Cuatro veces desahuciado por la ciencia médica tradicional

Mis hijos Israel y Rut a temprana edad se fueron al cielo

Solo se su gracia es mi amparo

he   sufrido   desmayos   hemorragias   por rompimientos de vasos sanguíneos

Fui internado el hospital 🏥 para un lavado de 🫁 pulmones en el quirófano anestesiado una vez terminado la operación médica. No desperté y me aplicaron un electroshock al pecho para resucitar y volver esta vida

Angustiados pero vivimos por su gracia divina

Moribundos pero siempre gozosos

Caídos su gracia nos levanta

REDES   SOCIALES

CORREO ELECTRONICO

CANAL DE FACEBOOK

CANAL DE YOUTUBE

"La fe ve lo invisible, cree lo increíble, recibe lo imposible".

www.ingramcontent.com/pod-product-compliance
Lightning Source LLC
Chambersburg PA
CBHW050839260726
48660CB00006B/2323